Петру Крду
САУЧЕСНИШТВО

Библиотека
УСПОН
Књига 11

Уредник
НОВИЦА ТАДИЋ

Превео
ВЛАДИМИР ЗОРИЋ

На корицама
Силвиу Оравицан:
Bas-relief, golgen wood

ПЕТРУ КРДУ

САУЧЕСНИШТВО
Изабране и нове песме

РАД
Београд, 2003

СТРАХ И СУМЊА

Први стих је слеп од рођења

ЗАМЕНИЦЕ
(1981)

ЧЕКАТИ, СЛУЧАЈНА ИСТИНА

Сам, далеко од себе.
Један је издао, као што се догађа.
Сада се, запостављен, проводи
поред старе наде.
Избаците га из срца многих
– виче нико.

Ја вичем за собом
као облаци за кишом.
Чекати, то је случајна истина.
Колико самоће може бити у њој!

НЕКО ГЛЕДА ИЗ МЕНЕ

Враг би га знао
шта се догађа у уснулом граду.
Девојке уништене лепотом
насрћу у огледалима
на сопствено тело.

Мушкарци у сну одолевају
опсади бубица:
потписују расправе о верности.

Неко гледа из мене.
Какав штетан неспоразум!
Тамо где излазим из себе самог,
бдију мудраци на угловима.

ОВО ЈА

Неко је умро, без мене,
у мом погледу.

Кад кренем у свет
звонар из суседног села заспи
у монотоним звуцима
под оптужбом да није извршио божје наређење.

А звоно тужи.
У сваком звону заспи други звонар.

Сад, срећан, гледам
како ми јад расте у костима.

ДОГАЂАЈ У ХОТЕЛУ

Од прекосутра не волим више.
То је мој грех вредан записа.
Пролазак живота обављен је у том правцу,
по начелу идеалног успења:

подбацио сам, касно у ноћ,
у хотелској соби
са таваном који се распао под звездама.

ЛОГОС И ПОСТОЈАЊЕ

Један се човек буди у свом говору
и пита:
је ли прошао овуда мој лик?

Стојим и гледам
којег то језика речи жање овај човек
на пола пута између себе и ничега.

Ту саговорник остаје нем.
Окрећем главу за речима што су
одлепршале.
И чујем човека у загрљају стварности,
осуђеног да говори срцем.

ЧЕКАЈУЋИ ПИСМО

Хитно ми пиши
како је твоје ништа.
Биће да сам ти обећао
савршен пакао
према приложеном плану:
мало љубави
принете тачно на време,
мало смрти
што расте у међувремену.

САЧЕКАЈ ВРЕМЕ

Ствари се одвијају на главној стази:
стављена под пратњу, моја смрт
шаље сигнале.

Свакодневно обављамо послове
између спуштања завесе и човека који иде
мостом и саплиће се о звезде,
ту на улици...

По потреби, нудим ти и копију
времена што треба да дође.

Да се добро држиш рукама за ваздух
да сачекаш време које не стиже
које касни већ три дана.

ВРЕМЕ САДАШЊЕ

Спремај се за срећу,
кажеш ми.
Мењамо редом своја места.
Расправљамо жустро.
Платили смо сурови предујам живота.

Неко се усељава у нас,
док се ми селимо
у неког другог.

Спремај се за срећу,
рекох ти.
Твоје се тело покрива музиком.
Скини са себе ћорави живот.

УМЕСТО ГОВОРА

Част ми је да известим:
ова се песма свлачи у трњу.
Понео сам је, жељан сазнања.
Тог дана заборавио сам
да дајем савете материји између
бити и не бити.

Пољуљали су се зидови куће,
певао је клавир између две заграде
издалека.

Објавио сам преко огласа
плодоносне клетве.

Част ми је да известим:
буди добар са општинским јаслама.
Ето оностраног веровања.

Крај говора:
прочитана песма мења свој декор
на следећој страни.

ВЕЧИТИ ПУТНИЦИ

Видео сам, а нисам видео.
Наједном, протрчао сам између две звезде.
Ниси ми написао ниједан ред
о земљотресу који је изишао кроз прозор.
Лежим у твом ваздуху који ме пита:
ко бежи ноћу кроз прозор,
ко прогони своја стопала
путем од бодљикаве жице?

Онај који је згазио бившу материју
носи сада круну од трња на челу.

А ви, шта још радите;
још увек постојите:
вечити путници на леђима сенке.

КОЛОКВИЈУМ

Одувек су удвоје
човек и смрт,
два лика у које тонеш
док птица лети у теби
а ти појма немаш
да ловачка пушка,
набијена у суседном телу,
разговара с твојим свакодневним богом.

ПРАВО НА ОБЛИК
И ЗАМИШЉАЊЕ

Дошао сам и видео:
дрхтавог тројанског коња
како из пужијег рога излази.
Тебе сам видео
како клизиш у себе.

ПАЖЊА

Долази к мени твој облик
да га пригрлим,
уморан и заљубљен у природу.

Неупитан, побегао сам од куће
и заспао
под мишком ноћи.

Са прозора жена
даје ми знак грудима
држећи у загрљају онога
који ће се родити.

Јесте, управо је почео да пада снег.
Почињем да тапшем.

Пажња, трипут пажња!

ЈЕДАН, ДВА, ТРИ

Дође јахач, виде облик света
и оде.
Беше од оних којима се жури.
Сада се везују другачије
спасоносни појасеви.

Дође други јахач, погледа те
и викне.
Беше од оних који долазе и нестају.
Онда се бацају коцке,
боље се види.

Дође ергела са својим властелинима
и продре на улицу.

Настане гужва,
сведу се рачуни:
један, два, три...

ГОСТИ ИКОНЕ НА СТАКЛУ

Гледамо икону на стаклу
на којој један од нас лови Марију.
Која је цена лепоте тела
што у унутрашњост ноћи отиче?

Гледамо икону на стаклу
на којој очи траже грех вида.
Ко је слеп треба да види
сопствени штап.

Гледамо икону на стаклу
док један навлачи свој облик
у властитом оку,
а други, као сведочанство, оставља говор.

Гледамо икону на стаклу
и кроз бога
другу страну.

ДАН ОДЛАСКА

Чекамо да остаримо
као обични смртници.
Гости долазе да нам продуже живот
са много зелене траве.
Поштар нам доноси позив за срећу.
Дајемо му бакшиш који припада.

Ко је бацио међу нас претпоставку
да неко нема наду?
Само понеки позајме од бога
веома дуге године.
И никоме то не кажу.

ОДЛАЗАК У ЛОВ

Пошли смо у лов
раме уз раме с ловцима.
Нико не помиње смрт.

Не смеш да пуцаш упразно,
као што не смеш да пуцаш у своју судбину
да не би срео једнорога,
да ти на пут не изађе неко чудо.

Бројимо звериње
са оружјем стрелаца на рамену.
Баш нас брига!

Препознајемо ретку животињу.

Гледајте своја посла, звери,
у заседи су ловци од ваздуха.

ПЕСМА ЗА ОХРАБРЕЊЕ

Збиља волим те оваквог.
У теби је онај кога нема,
а у њему моји погледи су
у стању да секу Гордијев чвор.

ЈАГОДА У КЛОПЦИ
(1988)

КРВОПИС

Читалац свакако зна шта се догодило
25. септембра у ваздуху поподнева
мој брат Рембо створио је објективну песму
у грлу једног коса
моја мајка Марија извршила је
проверу сенке
мењала је глагол бити
по шинама

Ваше височанство читаоче
то је ствар логике зар не
од јуче је пруга у квару
а ја сам видео њега
који ми је дао препоруку
за школу хијероглифа

он крвописац

СРЕДА НА ПАПИРУ

Пишем руком по белом папиру
хајде учините то и ви
ово је најгори дан у години
душа гунђа
не може да се суочи
са својим обличјем
хајде учините и ви
укључујем органе
пишем песму за среду
божји прсти деле огањ

ТЕСНА ВРАТА

Ако се добро сећам
дошао сам да научим распоред
лево врата лево врата
десно врата десно врата

Кроз мене излазе
срећни зидови

СВЕЧАНИ СТАЛАК

На овај свечани сталак
постављена је твоја обожавана глава
стојиш тајац
положај твоје главе је неудобан
толико невинашчади
три државника два научника
један диктатор четири генерала
један дијалектичар *un homme à femme*
а он вољени супруг отац своје деце
занемарујући свете дужности
постао је конкретан предмет
који савршено надвладава сопствену главу

НА ЗАДАТКУ

Једно ме око гледа
али ме не види
гледам и ја њега
живим као доказ
да сам умро безбрижно
час левим час десним оком

Уз именице
из очију Бројгелових слепаца

ДИЈАЛЕКТИЧКА ДЕВИЦА

Преводим лако именице круну и писмо глагола
на друго лице еразма
на мртав језик и добијам десетку из румунског
анђео је дошао да ради вежбе на поду
олимпијада бубица
под тачком три размотрићемо примедбе
на текстове забрањених писаца
дозволићемо тужиоцима да примене закон
                              како хоће
један сам од оних који хвале лудило
људи се мењају а дијалектика девица каже
од блудног дечака постајеш епископ
жену која те одбила никада нећеш заборавити
с њом си више водио љубав него
с било којом другом

Преводим еразма на матерњи језик
erasmus est homo pro se

ОРАО

Можеш нам послати још један спреј
против буба мува комараца оса
шкорпија мушица мрава
и вилиних коњица
један спреј против нас
пише ми мој добар пријатељ

Но шта да радимо са овим орлом
са крилима од тринаест метара
спремним да полети до Фридриха Ничеа
шта да радимо драги мој
с овим орлом ако слети на нашу главу

CAFÉ ARP

Грегору Лашену

Слобода лежи у саксијама
у café-у арп
мајстор рембо остаје понављач
пред својим ученицима
богови су помрли у 19 часова
на нашем кружоку полаже се испит на тему
સркање црвене лудости
не будите шашави дакле
један по један уђите у утопију
истина је онаква како смо се договорили
мичу се усне пали се цигарета
настаје торзо à la арп
на крају крајева свако има право да буде
слављеничка застава око врата марије антоанете

ДА / СИГУРНО НЕ

Не
мушкарци се не бију они се киње одмалена
до дубоке старости сигурно не
стара стабла се не секу она се
у црној и великој кеси из оставе
шаљу главном улицом сигурно не

не
онај само са не на уснама
разговара с анри мишоом на страницама
које не следе више

пишем не
доста са замеркама онога који се није родио
у времену које пролази
уосталом кажем вам
нећемо успети да се видимо ни ове зиме
да извадимо човека из заграде

не сигурно да

ОСТАТАК НИЈЕ ВАЖАН

Дође време да га гурнем под име руже
дајем савете животу да се диже
све више и више и да се не плаши
хтедох да превалим пут између образа и образине
опран шмрком
тамо
где је говорник штапом у реци
васпитавао будућност
више овде
мање онамо
на пању важи само потпуно гиљотинирање
чајевог цвета
и краљевска слава из нинива

КУЋНО САПУЊАЊЕ

Мирно подне
на пола пута између две дојке
страшни суд на углу
живим пет минута
обављам своју дужност

поподне чувар се учи
достављању порука
audiatur et altera pars

крунски сведок вреба
у кључаоници
потом
једну малу главу носи
на тацни

ово је трофеј

УМЕТНОСТ ЗАПЛЕЊИВАЊА ПРОЗОРА

Почињу нове сеобе народа
јерусалим се сели у цариград
тачка гледишта нато пакта јесте замисао
                                              обесхрабрења
сумње
пушим лулу мира на међународној
конференцији о ружи
значајан корак на путу ширења
дијалога исток–запад
опсадно стање у чаши воде
установљено у фебруару у гриничу у време чаја
дакле
почињу нове сеобе народа
транспортни авион *хорхе луис борхес*
окончаће свој лет првог априла текуће године
у египту
арчимболдо је емигрирао у *медузин крик* дело
                                                каравађа
из уфиција
перипетије у београду дамаску александрији
каиру јафи
у овим околностима задатак песника јесте
суснежица кијавица поледица уметност
                                                заплењивања
широко отворених прозора
бити
   да

бити покрај веласкезовог портрета
страхујући од вука или других звери

почињу нове сеобе народа
очекује се зимско време на ћошку стола

ВЕСЕЛА УЛОГА

Верујте ми
глава вам није одрубљена
само је давитељ невиних руку слободан
и само кад пишете свесни сте чина
у дивот издању биће објављена упутства
за вешање

Весела је то улога верујте ми
живим до даљњег
уместо човека који из виших разлога
никада не открива овај мој живот

СВЕЧАНО ОТВАРАЊЕ

Из поштовања према драгом камењу
наши грађани су сопственим рукама подигли
огроман wc
то је доиста њихово уметничко дело
славље је било без граница
убрзо су дошли варвари из суседства
са свитом је стигао и песник
свако се радовао на свом језику
немци турци срби власи грци
господски мир у венама
прелепо беше уживање
јавља специјални извештач вечерњег листа

Падох у екстазу ваше височанство

СЛОБОДАН ЛЕТ

Јесте везани смо за земљу реке пашњаке
и понеку кућу
надахнуће мишљења не можемо понети
                              са собом у бескрај
каже стјуардеса
везујте појасеве увежбавамо обмане лета
падамо достојанствено сви припадамо
                              свом народу
у овом часу
велико је одушевљење коња крава
                              гусака лептирова
доле на земљи
ми смо за слободни лет авион лети у једном смеру
ми припадамо другом
свуда око нас су наши и остали
израњају из светлости
као да се нису срушили на земљу

ЧИТАЛАЦ НА ДАН ПОСТА

Зашто моји пси лају на песнички позив
мили моји зашто је мој досије
у колима хитне помоћи
зашто продавац неоткривеног језика тргује
последњом срећном архивом
гонич доноси последњи суд
споља велики пас
целом свету зубе показује
зашто тонемо између да и не
ко нас је гурао између тебе и мене наглавце у зид
зашто се песма сече жилетом као парче хлеба
читаоче зашто су уши слушаоца свете
зашто моји пси лају на песнички позив

Песник објашњава ситуацију
из доњих удова песме

ПРОГНОЗА ВРЕМЕНА

Тај човек има право на своју главу
на метафизику и матерњи језик
на анђеле који нису достојни седмичне омче

клизи време
киша се слива у натали
размењујемо само реуматизам
и апстрактно право дрвета
да почива у теозофији

тај човек има право на моју главу
дрво зашуми описујући натали
чита временску прогнозу међу кедровима из
                                                    либана

СЕЧИВА / PIAZZA BRUNELLESCHI

Ово је инквизиција
од двадесет четири карата
умире се банчи се од сада
помилована је пушка на готовс
силази се низ степениште ћутке
подешавају се зулуфи
свако купује понеког бога
за судњи дан
драга моја како само прија шетња
господе
шта се то збило са сечивима

БРЗИНОМ ВЕТРА

Тражим еротски азил
продирем у њу кроз таван
где мој пријатељ
прогнан међу зидове собе
на поду тетовира своје песме
на срамежљивом фалусу

На радију јављају
брзина ветра у границама нормале

ИЗМЕЂУ ДВЕ РУКЕ

Марширају површином ноћас   ноћас
свечано се руше моји пријатељи   ноћас
стоглаву олују у лонцу неко врти   ноћас
војници разуме се   ноћас
мења се склад реченице   ноћас
дуго се материја сели   ноћас
од њутна до панонске низије   ноћас
овце се маскирају у пастире   ноћас
поворка мушкараца води записник   ноћас
они који су за   ноћас
они који су против   ноћас
а мртви још нерођени   ноћас
марширају површином   ноћас

стојим мирно између две руке

ЛИЦЕМ ПРЕМА ЗИДУ

Овај зид је црн
овај зид је бео
бео
високи суде
ко је увео црно ја у песму
кочијаш зауставља револуцију у нашем крају

овај зид је црн
овај зид је бео
лицем према палати правде

ДОПИСНИЦА

Хитно ми пошаљи малу ћелаву реч
монсиеур сиоран
дићи ћу руке увис
спремићу се да је ухватим
даме и господо
начин увођења врба у категорије
брижљиво се чува
на мансарди у улици одеон
где гробови пасу траву
из тела господа бога
ја вадим радосну вриску
из књиге *сузе и свеци*

Хитно ми пошаљи малу ћелаву реч
monsieur cioran

ВЕЧИТА ПЕСМА / БЕЗ РАЗЛОГА

Радујте се
пад је виши од лета
одбијамо се од светлости
одбијамо се од сопствене мисли
јуримо за једним крилом
пењемо се и силазимо
низ ваздушасте степенике
радујте се
пад је виши од лета
што виси вазда у нама

КРИК ОНОГА КОЈИ ЋУТИ

Ова се нада не може одложити
пођимо заувек пођимо

уоколо је крик
онога који ћути

погледај мисао моју
како се тешко заокружује
на почетку догађаја

РЕЧЕНИЦА / СВЕДОК

У напуклој реченици
мог свакодневног посла
зидам доказе на путу до куће

господе
срећан сам што ме се не тиче
онај који је изгубио слух
претпостављајући да је развалио зидове

крадом улазим у пејзаж
између реченице и сведока

СВЕЧАНА ЈАГОДА У КЛОПЦИ

Ура
у поноћ почиње вршидба
у туђу постељу уносим
јавну делатност
постепено бирам наслов

Свечана јагода у клопци

ДОЛАЗИ СЛОВО ИЗ А

А
долази слово
између веверица и шумског светог дрвета
б
слушај како човек расте
ц
под свим прозорима
д
реч по реч
е
попут расеченог црвенила крви
у

МОЈ ГРАЂАНСКИ ШЕШИР

Не здроби лептирово крило
чита те ахил
не гони корњачу и кловна са икона на стаклу
не буди прилагодљив не подмазуј дух звездама
чита те ахил

сву ноћ под креветом испитуј глаголе
имати хтети моћи
не дај да ти кичма вијори на ветру
отвори уста пољуби земљу родитељске куће
оглашава свој бол моја мила мајка

не слушам мајку
накривим шешир стежем свој дух
у зору полазим у лов на ваздух
док ме ахил чита

парола
руком као апостоли

РАДНО ВРЕМЕ

Онај који заглушујуће тихо говори
онај који долази без пута тамо где се
појављује
који скида с рамена тачку гледишта
који баје с ножем у руци
који љуби хлеб маказама од платине
који допуши цигару
који је промишљен
осам часова на послу
тај има песничку вредност у тренутку кад
из собе за пријеме води
само четири зида ка излазу

СЛОБОДАН РАЗГОВОР

Бавим се мишљу да започнем велика разматрања
на рубовима ничега
на седници од понедељка говорићу о касандри
под тачком два задржаћу се на романтичним
                                      песницима
који су се повукли из школских уџбеника
и на њиховим љубавима које су се помешале са
                                    старошћу анђела
под тачком три они који нису разумели
                                    објашњења
сурвавају се прерушени у закључке
под тачком разно навешћемо цитат филозофа
                                    конта

о, ти ништа, колико си велико

Сећате ли се још
имена ове речи

РАДОСТ НА ПОНТУ

Метод резања језика почиње
на четвртом километру (по источњацима)
тад песма постане добра као добар дан
на таблицама окаченим о грла девојака
овидијеви стихови
чак седам необјављених
на четвртом километру скаче коефицијент
                                    реторике
песник на матерњем језику пише
сам себи анонимна писма

НЕВИНО РОДОСКРВНУЋЕ

Песник је без старости он нема породицу
он нема децу он има мој уморни скептицизам
од четрнаест карата
он је грађанин мог језика
генерал који никада не може да буде војник
он отвара источну капију
он је обична рана речи
он послужује лудило са самогласницима
                                       јагоде с лудилом
излазећи у седам сати ујутро на улицу
попут невиног инцеста

НАЈЗАД

Човек ризикује у борби с пацовом
кувар простире росу на уже за сушење веша
декарт води рачуна о незапамћеној магли
у нашем крају
молим очевице и друге очевице
да ме исповеде
а ви размажени мајстори дођите
будите бар ви за истину
човек ризикује у борби с пацовом
пред јутарњом молитвом
сетите се исака бабеља
који је писао на коњу док је шпијунирао (*sic*) у
                                                     Јапану

гледајте човека
његово лице јесте бик из вавилонског музеја

У ЦРКВИ ТРОЈА
(1992)

ХАИКУ ГОВОР

Устани
да те изљубим
језиком у парампарчад

ПРЉАВИ ПОСЛОВИ С АНЂЕЛОМ

Шта ради анђео овде

шта тражи покрај сандука препуног трулежи
грабљивих руку крај гомиле гусеница

ко гони анђела да стоји на зачељу
страх нас удара штапом по рукама градинару

балансирајући урокљиве речи сви чекају у реду
продају ли се кртице
тргује ли се висећим вртовима
прождрљивци у нагрђеном винограду

на тргу хумка хумуса – хлеб
промишљам своју душу у анђеловим очима
ниси дуго долазио рече отац
живот се претворио у вреће таванског пепела
бунар пресушује на жези
само ждребећи закон с пеном на устима
потписује примирје са сеобама курви

но шта чува ту анђео од јутрос
лепињари и пекари смешкају се с разумевањем
о слепи анђеле
       слепи анђеле

НЕ ГРМИ НЕ СЕВА

Отаџбина редигована машином
на тоалет папиру

потура се зло пиле зла
прљави професионални срамни вихор
суснежица у измученим планинама
                      (страхујеш ли вољена)
млечно као праскозорје вешто изнад града w

из ноћи у ноћ вољена мачко луталице
спокојна душа на уснама благи чин насиља
                                опуштање
повлачи се снег шта ће бити с нашим родом
са субверзивним хименом вољена

постављам ти још једну клопку шутирам још
                               једног анђела
у књигама ванбрачне страсти
ломим реч хлеб надвоје видим стварност
пошто сам шчепао божја муда

долепотписани куне се да неће ставити кохинор
и могул на лопате гробара
који су сами отишли из града w по снежном
                                    потопу
не грми не сева замандаљени су
прозори и врата
no sex no problem вољена
угаси свећу кућу сам окречио купио сам под

DE NOBIS IPSIS SILEMUS

Ми сами смо ви сами сте статуе
са минђушама
избубуљичани од добра и зла
клаудије и гертруда згрчених руку

сами себи закивамо ексере у стопала
у песми над песмама
извлачимо гушчије перо из гуске шкрабамо по
                                            ваздуху води
ватри земљи
ви сами у недостатку постојаних доказа
преточите скупу и врелу крв
из гертруде у клаудија

une flamme dans mon cœur
l'histoire a peu d'importance

ми сами смо ви сами сте на страшном суду
ратници без мача гневни племићи
носећи главу веронезеовог јована
ми сами кранах ви сами *le jardin des délices*
статуе са минђушама старимо стрепећи
у цркви троја

СЕЗОНА ЛОВА

Установљава се правда
у проклетој сезони лова
вежбајте надгледање господа бога
и никога више

с времена на време одржите
генералну пробу
јер штета је умрети
а не знати како се умире

штета је помиловати злочинце
а не бити злочинац

вежбајте силовање џелата
док лечите наду у утопији
и ударајте хитро како би они без ноћних закона
остављали трагове

у тамницама слепи суде глувима
и нема више слободних места у истини

из речника одстрањују се невини
а добро се ствара песницом

златна је тајна
владати над прогнаном отаџбином

у проклетој сезони лова

ФИКЦИЈА И КОМЕНТАРИ

Једно црвено зло
једно црно зло
и вести пристижу

јато раних рода
јато пераних рода
и вести пристижу

метак испаљен натраг у цев
реч која осталима испада
из уста
враћамо се волујским колима
и вести пристижу

земља захваћена склерозом
установљена је политика
замрзавања коитуса
из дана у дан историја се дописује
по диктату црвених јаја
и вести пристижу

јесам оно што нисам
народ који врши самоубиство
васцели дан с носом у повести

складиште сам муниције

а власт ми непотребна

сваки текст попут шире
почиње да се квари
и постаје песма

и вести пристижу

ПРОБЛЕМАТИЧНЕ ЖИВОТИЊЕ

Умрљало ме време
умрљало ме млеко

појавили су се рогови јелена
само неколико од једне врсте
у дворишту куће

спокојна буди мила моја
стручњак сам за проблематичне
животиње
ветар је у ерекцији
на слици фра анђелика

умрљало ме време
подељено надвоје
ка југу ка слободи торња
из пизе

умрљало ме време
које привремено веје

шта да му радим

ОПШТИ ОПИС РЕЧИ

Вартоломеј са заставом
у руци
алелуја алелуја

наша застава израђена
по поруџбини
делила је с нама јесен
и зло

клавир *франц шуберт* пева
подвлачим црту сводим рачуне
капи крви хука вејање снега
дарујем ти

оно што је овде касна јесен
увлачи се у њушку лисице
непримећена чињеница
у области сна

исписана светлом оловком
и вартоломејевом руком
застава је наша

а ми патриоти који смо
о свом трошку учествовали
у злочину и казни

последњи поздрав
одлаже се опис речи

ПОРЕДАК МРАКА

Излазиле су самоубице један по један
из мрака један добар други зао
на бадње вече сваки одушевљен
својом омчом
а ја нисам имао храбрости да признам
зашто вуку звона треперава звона
зашто толико меса за торањ

да ли је једна несрећа
важнија од друге
под куполом летеће цркве
ушао сам у силогизам бога

излазиле су самоубице један добар други зао
са овереним потврдама у памћењу мудрог
сведока из наоса
а ја сам слушао дисање авети на тавану у подруму

историја чеше задњицу а не црвени
бришући наочари натопљене сузама последњег
самоубице наново исписује себе

али само у раздобљу привременог мрака

МЕТЕОРОЛОГИЈА

Живојину Туринском

Смркава се и трули у картагини
кукурику кукурику

време с нечистом савешћу у велико подне
петак је зглобови љубљене ишчашили су се
међу мојим прстима

крив сам на мапи картагине на часу историје
кад се разбесне политички кажњеници
у затворима пророка са истока

крив сам што се време квари
кукурику кукурику
у египту и вавилону љубавници спаљују
анонимна писма чак је и географија без даха
између дојки картагине

великодушна флаута без рупица тумара пејзажом
пуним провалија из наративних дарова старца који
вуче димове у борхесовој причи (да ли је то
 примећено)
крив сам сведок сам (поцрвенео сам малчице)

из плавог дима миришљаве луле
склапа се одлучан лик много вољене и мудре
јерменке
добро видиш квари се време кривац се скрива
 иза преплашених

зечева а ја се пресељавам у дресираног
сокола којег
нежна и мудра јерменка држи у наручју

ДЕВОЈКА И ШАХ

Маја значи посматрати лед
а не мислити да је то вода
  Ко то рече?

Све је већа криза у чаши воде
маја у децембру има душу неуморног хрта
повукла се у поље d1 вршачке калдрме

пиони су криви за ово и оно
коњ је независни субјект
човек очајава до коначне победе

ова идеја храни се сама собом
девојка није прочитала црвенкапицу

остави остави ко је маја
знам те безвредни петлићу
песник се мири с кашњењем
историја се учи на балкану у пламену

маја у децембру нагиње елиоту
и његовој партији шаха
у пејзажу свеске за енглески

ПУКОТИНА ОКА

Ради добра ради зла
џабе
разбих своје око

наговестих иманентност потопа
у вавилону

ни до данас
упркос позиву облаци се нису
спустили на мој кров
ја сам ипак легао
у сенку историје

а време се избезобразило

рађајући се
не могу благовест да носим
на леђима
не обазирем се на савет
сеоског свештеника

у нежној јунској вечери

боже и опет боже
у овој тачки сам уздрмао
кратку сукњу св. софије

покрао сам царство црева

te deum laudamus
као обична намера

војници су се срећни предали
на орфејеву песму
примети судски истражитељ

киши ли киши
дави се море сумње *sakahie kizila*

МЕТОД КАСАНДРА

Сумња се царини
у зглобовима
летећи
тројански коњ улази у тврђаву
ја испадам из марије

зима савршена као 41
зар се не сећаш

бивша вољена написала ми
јагње румунског језика

ево утопијске белине

опхрван сам страхом
уједе ме кобра
тенкови подцртавају пејзаж
сове су јуче одлетеле
у изгнанство

лош је обичај
један је пресудио
прокрвари св. софија
бог кркља у мегафон

терет супстанце
зла уста послата
на преваспитавање ега

а теби
  лака
    смрт

ВИДИК С ПРОЗОРА

Зашто звоне звона
скептичне псине долазе
као почасни гости
на чајанку

из торња
звонари нуде на тезгама
тајну вечеру

умиљат дан на крају септембра
ваља покушати једно бедро
волети у великим тиражима
извлачити закључке из речи страха
у архиву

заратустра могао је да зна
да неко од нас с рукама иза леђа
звони звонима

мудра
   глава
      од
         тамјана

ЕСТЕТСКА ОДВРАТНОСТ

Живели смо недодирљиви у светлости
много песника по глави становника
у једној од најлепших зона плаве планете

живели смо у меморији вечности
научили смо да ружно буде лепо а истина
да се тањи са завишћу према будућности

потом је наш људски облик осетио
неку врсту естетског умора

наставили смо да пишемо крцати славом
банули смо на трг победе
крикнули снажно обасјани рефлекторима
и набасали на ломљиву ћелију
осаме (не без радозналости)

видели смо напокон јадног чувара
који добро зна
зашто чека и јеца од љубави према нама

МИСАО ИМА РЕЧ

Ова мисао нема право
да бесконачно ћути

мирна је ведра је
моли светлост

отворићемо јој досије
упркос дипломи римског права
људождер је по занимању
механички понавља текст
у којем се јавља миларепа ad usum

ускоро ће је сместити у болницу
на радикалну терапију
због својих интимних убеђења

шта ће је снаћи
не зависи од оног горе

жели да сачува све своје сумње

у међувремену хладноћа се увлачи у кости
вечерас ће падати снег са вишком истине
дубоко у памћењу

боже леро боже леро

ПРЕДМЕТ ЗА РАЗМИШЉАЊЕ

Над овим окрњком лобање
стајао сам фанатично нагнут
клечао и крстио се

говорећи и пишући

ШТРАЈК МРТВИХ

Биће рата
пита ли се то
болесна страна ватре
и понеко издање таме
као на шалтеру за обавештења

биће рата
рекла су двојица

с друге стране

ШТИЛОМ И ПЕРОМ

Бог је био пре него што је откривен
али се тако брзо распао
попут старог грка
који је имао лош обичај
да дели добро штилом и пером

БИОГРАФИЈА ШУМЕ

Пре две зиме на врху чежње
сходно личном достојанству марљивости
и умешности
шумска мајка осмехнула се у јелењем клупку

истовремено
пољски песник адам загајевски
покрај звезде испод које сам покренуо
црева демократије
пошао је у место лавов

*горка је бесмртност земаља што спавају
на тапама од воска*

УБРЗАНИМ ГОВОРОМ

Ноћу су жене ускомешане
и охоле и суштаствене
трагају за побеђеним победницима
конкретних предмета

КЛИЗАЊЕ ПО ПОСЛЕДЊЕМ ВРЕМЕНУ

Хајдете да тргујемо невини малограђани
каматари епикурејци криминалци
ви који патите у срећним тамницама

хајдете ви који сте преживели историју
време расипа вегеталне сузе и
идолопоклонике

но чему слобода конзумирана
у нормама љубавника

прекрасан је језик – лице човека
док жуди за ванвременском болешћу

хајдете да малчице научимо дипломатију
божјих оваца
пачића уображених у тузи обесвешћених
фазана у росној трави духа
с војником обученим у подерану смрт

време се свађа са непредвидљивошћу уста

у јаловим подрумима отаџбине
бујају светковине филозофије

ОСТАТАК ЧОВЕКА

Колико још има до победе
занат као и сваки други

прелазак са црног снега
на привремену зимску управу

но човек се напне
преко својих могућности
и бане у подрум
с полуотвореним прозорчетом

добродушни човек
пола истина пола хроми зец

ГЕНЕТИКА СЛОВА / СЕБАСТИЈАНОВ БРОД

Срећни и славни
држимо конопац и сапун
изазивамо рат мира у три сата
на себастијановом броду

њен трбух *rosarium nomini* поништен је
у летњој свесци дијагноза на латинском
наравно

свако је дотакнут својим делом кривице
трудно море игра се ватром
пегави дечак јури сопствени вал
који је убадао планктон
оплођујући његово водено месо
у генетици слова *м* и *о* потом *р* и *е*

ах морска болест а ми сусрећемо
једра и рибе које причају о посети аргонаута
по слици земаљског света

срећни и славни
мотрећи море између органа који се
осмехује
и органа који крвари
на себастијановом броду (од кедра?)

тамо на обали
      на морском гробљу
            све је забрањено

БАЛКАНСКА КУРВА
Postscriptum 1991-ој

Ово је извештај о плодној години
без сумње години у којој се
трагично претворило у гротескно
а лепо у веома ружно

пословни човек успео се
до јововог предела халапљив
на тектонску стварност

пратио сам кроз кључаоницу
како настаје земља праха
чије границе њишу нерђајуће црвене струје
и амнезија црних звезда

пратио сам како задригла од вишка историје
балканија преживљава свој печат од шљунка
на којем јов сакупља атаре
згађен родним огњиштем

након расправе од четвртка седмог августа
вратих се сензационалним открићима
у јововом поднебљу које се темељи
на аргументима посланика изобличених нагоном

извештај је то о родној години
зараженој балканским вирусом
за коју дајем деманти

МАЛА НЕСРЕЋА

Пењемо се у небо
и враћамо се с пуним месецом на рамену
као курва уважавана у свом послу

идемо по жици у паризу
плачемо језиком звона

пењемо се опет у небо
јавља се запечаћена ружа
кога ми још љубимо
лажемо господина јозефа к
изгубићемо главу

на хоризонту излази ћутећи језик
осветљавајући нам пут
којим смо сишли ризикујући
малу несрећу у кукурикању петла

пењемо се у небо и враћамо се с пуним
месецом на рамену као курва
уважавана у свом послу

ЛАК ПЛЕН

Без сећања
први излазак
у свет

лутај
пред либаном
укида се закон
о химену из вршца

не пролази руком
кроз зидове девице

отварају се
темељи охолости
живот је изгубио
опушак у пепељари

полако препричано
од поруке до угла усана

измучени
      шкрипећи

фосил завезаних рогова
уступа место ономе горе
попут лаког плена

петроније обара
зверско здање

револуцију
у стаду носорога

ломи главу
земаљској војсци

КРАЈЕМ ВЕКА

Вукући уже
наш рачуновођа на зеленом престолу
поправља беле редове
ми затварамо звезде у џак од јуте
гласом се ослањамо на онострани свет
обзидан стаклом

СЕНТИМЕНТАЛНО ГАЂАЊЕ

Штрајкујемо љубави ради
можда ме зато обавезујете
да обавим гађање
тупим курцем

учините и ви као ја
до ђавола

сумњичаво

ЉУБИЧАСТО МАСТИЛО
(1997)

САХРАЊИВАЊЕ ЦРКВЕ

Данима и ноћима громогласно су
звонила црквена звона
оглашавајући смрт своје цркве

није било земље да покријем
отворену раку

израњајући у слободан живот
довикнуо сам гробару
који је и сам викао
Боже Хвала Ти што постојиш

ШИФРА „ЛИРИКА"

Све је метафора као у досијеу Рајнера Кунцеа
немојте призивати вољеног песника

опрезно се жалузине подижу а завесе размичу
невреме прекида телефонску везу
полако у провидној шољи чај мења боју
неко је одшкринуо врата а други леденим
погледом зауставио Марију од Вршца
нежно милујем отаџбину између прстију
јер она не воли пуритански ред и кикот
                              закона срца
нечије се око дошуњало до мене
немојте призивати Рајнера Кунцеа

небо се дави у псима луталицама
једино су сведоци криви за виђено
злочинац чезне да буде откривен
немојте призивати вољеног песника
јер никог више нема

КАЛЕНДАР

Из једне зиме у другу
највољенији мрак
прикрада се животу

то је
одговарам
најбрже оплођавање времена

био сам са тигрицом
била је са тигром

био сам са пантерицом
била је са пантером

КОНАЧНО РАСВЕТЉАВАЊЕ

Преостало је још места
између речи курвања
стари љубавници газе без тела
између редова
ризикујући објашњења

НА ЗВОНИКУ СВ. МАРИЈЕ

Пођимо пожуримо маркиже де Сад
Марија је купила гарсоњеру
чека нас у њој покрај храма
неће се исповедити по обичају

читамо *Vita Nuova* до дна зелене материје
мирише на сумпор на звонику св. Марије
двоје младих преко везе стичу прво искуство

ОВА ПЕСМА ЈЕ УЗРОК КРПЕНЕ МАЧКЕ

Млад месец напуштен од јавног мњења
не усуђује се да живи

била једном крпена мачка
прешао сам јој пут у поноћ

прешла је себи пут у поноћ

а песма

ма колико слободна
претворила се у крпу

ОГЛЕД У ДВА САТА

Време је задатих књига
гледам мој ум се шири
док се преводим нерођен
на језик крунисане главе

ништа нисам згрешио славећи главу
што провирује из огледала
и каже

речи су прибор за јело
а ти из угла запиши како је ноћу
на веселом чистилишту

ЛИЧНО ПАРКИРАЊЕ

Паркинг и моје тело

ја сам ипак последњи циљ
док се небом догађа кривина
на којој св. Ђорђе
јури мачку која маше репом
између две реченице

СУНЧАНИ ПОЗИВ

Пролазимо кроз историју
Боже
каква гужва

по календару
лед је
у човековој природи

диванимо
о бригама куће и земље

људи земаљског шара
с једне и с друге стране
глине
окончавају у нашем веку
а почињу
у предговору старог завета

чујни су позиви сунца

СТВАРНИ ПРЕДМЕТ

Толико сам кратковид
у унутрашњости жене распуклих очију
да настављам да трајем
из просте радозналости

ФОРМУЛА ПРОПАСТИ

Волели су се и у време рата
она на метли с репом а он шепурећи се
на пенушавој гриви Пастува

она се захуктавала у сукњама силоване невесте
с венцем од кукуте и мандрагоре
гмижући муљем по дојци Окривљене

она је тражила Младожењу на оштрици уда
стетлуцајући у свиленој провалији

он жедни Створитељ тоне у загонетку лопуха

још једна шанса
у земним тварима

она у ходу а он у сазвежђу семена које се прелива
у просејавању близина
док глиб меље молитвену жетву између два
                                                                       атарска
камена

он Јеретик мазећи спљескани лет
                                        у трзају Паноније
а она првом младошћу српа отима ђем ергели
предуго њушећи горчицу

Бог свакако зна

потом се обоје уздижу у простор обезнањености
где нема места за *гледај своја посла*

кидишу кидишу

она му чита лик под облацима другог поретка
он одбија да се одмори уз надгробни камен

волели су се у време рата

ОБИЧАЈИ У ЛУДИЛУ

Пентрамо се радосно по лудој кући
разгледамо олупине у прозрачном пределу
предсказања кренуше у лов

ево нас на првом спрату
какву истину могу пружити свету
уморне статуе
тежња ка успењу јесте почетак самооптуживања

пентрамо се радосно по лудој кући
стигосмо на непостојећи спрат
обешен лежи ловац изнад шуме
плашимо га се хрпа костију гавран дрхти

ево нас под сводом куће
одакле почињу облици принуде
поплава звери дармар очију
реминисценције на Гоју

пентрамо се радосно по лудој кући
из наказног церекања дух блиста
носталгију кажу они који жуде
да заувек зађуте

у сну цртамо дежурну географију
чуљимо уши једва се чује
како нас две земље напуштају леђа уз леђа

спремне на хоспитализацију
попут вриштећих авети

тумарамо радосно по лудој кући
јуримо јуримо јер је то обичај лудака

ВАЗНЕСЕЊЕ

Наредили су
увозићемо спасоносну ужад
и истину о нашим работама
водићемо рачуна само о ономе
што је потребно смрти

наредили су
увозићемо бољу земљу
срећније људе
и колебљивије границе
потпаљиваћемо каткад ватру
под котловима у којима је глас других
ударио у клокот

наредили су
увозићемо невину спасоносну ужад
ни одвећ дугу ни одвећ кратку
цитате из Дантеа и Хелдерлина
потом
грлићемо се с љубављу нестрпљивих
с ужадима у души

ave

МРТВА ПРИРОДА СЕ БУДИ

Новине застаревају на столици
домаћа љубав стиже преко слике Љубе Поповића
у кући тек рођена деца
секу месечину на кухињском столу

моја љубавна сестра слаже карте
на ваздушастом троношцу
слатки створ иза решетака
тражи одвећ доказа на земљи

покрај пећи одавно мртва природа
окреће се на другу страну

ПРАЗАН СНЕГ

Црна крмача грокће
Кристијанови овнови прилично касне у пејзаж
гуштери и апсурд у сеоској цркви
црно на бело почиње да снежи

у првим

писаним

пергаментима

ЛОВ ПО ОКОЛИНИ

Са неким другим сам
мање него са собом
и не показујем свој лик

увежбавам мисао да лети
у шуми грехова
у којој невидљив улов показује крваве груди
ловчевом оку

мисао моја пада дуго преко мене
као обрушена птица грабљивица

и гонич ме држи у наручју
као да у рукама држи смрт
да не би ишао у лов по дивљини

ТРЕНИНГ

Тренирам проглашавање
надлежности своје главе

само једна седа
по глави становника

једна

једина

ЉУБИЧАСТО МАСТИЛО

Чекање је дуго и налик девојачком телу
а оно срамежљиво тумара сумњивом улицом
чији западни делови откривају
узбуркану слободу

време траје додавањем времена

чекање је дуго и налик девојачком телу
дуги су дани недеља још дужа а месец најдужи
двапут месечно ниче

у Вршачком дневнику
ово пишем љубичастим мастилом

ПРЕКРШАЈ 312

Прелазак леденог Рубикона
могао би да буде опет ризичан
зато уђи у моје Ја

у међувремену
Ми ћемо заједно
извозити стварност

НЕПОЖЕЉНИ СВЕДОЦИ

Моји сведоци треба да ме надживе
да би сведочили о мени
један ће бити издајник да би и мене издао

тишину молим
ћутање је крик али само у овој соби
                               где размењујем
свој унутрашњи живот за неверни живот сведока

бацам поглед на њих као на химен сумње
његове очи умножавају страх као украден дар
                                         земаља
из којих пристижу

тишину молим
њихово предуго ћутање измешано с мојим сећањима
један с моноклом у покрету је спреман да умукне
што дубље
други тетовираним метафорама на челу каже
                                   да је живот
кретање на екрану

трећи лебди у пени оргазма
десеторица ћуте знојавих мисли чекају
                                 једанаестог на врху
кафа се болно дими

тишину молим
и ова соба увучена је у радњу
и ова кућа губи невиност тек у трећем чину
моји сведоци употпуњују моју главну улогу
као трајни ожиљак у својој храпавој вечности
као нежан жилет који просеца пут
                    до остатка живота

тишину молим
моји сведоци треба да ме надживе
да би сведочили о туђим сведоцима

У СКЛАДУ
С МАЈКОМ-ПРИРОДОМ

Стиже дилижанса
 вребам је

чекам одговор
 па да истресем љутњу

велики љубавници
оборили су још један рекорд
 у патњама и отровима

од једне љубави до друге
прете да се угасе у прекидима
као срећне жртве
 веома срећне жртве

стиже дилижанса
не стиже

на шумовитом брежуљку
 касним
у складу с мајком-природом

СТЕПЕНИЦИ ОГЛЕДАЛА

Мало секса накалемљеног
на плач огледала
много обећане а нерођене деце

накићена ждребица прескаче сенку мишљења
а ја сам ту

упаљен загрљајима град вришти
и трансцендира
а ја сам ту

напољу промењено време
магла и измаглица

човек опремљен мноштвом формула
оплакује велике истине
брзоплето осуђене

а ја сам ту

САЊАО САМ ДА МЕ ЈЕ ПАС УЈЕО ЗА ПРСТ

Каква црна предвиђања Боже све саме
                                        злослутнице
а заметање трагова сасвим другачије
но што сам очекивао

једна пошиљка улази у мој живот као пропусница
за почетак миленијума мада се она
                                        из наше вароши
у нашу варош не може послати – овдашња су
                                        поштанска правила

унутра у потаји ломљиво сазревају Вазарели
и Борхес Празно поље Хришћанство и демократија
грађански рат и мир Дирас То је то пепео
                                        свежег духа
у сну који чита снове

сањао сам да ме је ујео пас за прст
среда је дошла после и свака је књига
                                        опхрвајуће осећање
да не поверујеш пошиљка није ношена
                                        по граду није путовала
у страну земљу али је привлачила свачију
пажњу као пуњена птица у неизвесности
                                        захукталог лета

каква црна предвиђања Боже све саме
                                        злослутнице

јер близу смо границе преводивог
                    а предсказања потврђују
бунар ишчекује камен попут стреле која врши
                              самоубиство
моје ја у теби ниско лети

чујем цвокоћући глас кошаве
чујем како сузи разнежена жена замећући
                                  трагове
стварности која се није догодила
кријући тајну дату ми часак на увид

КОРАЧНИЦА О НЕСТАЈАЊУ

Слутимо ли нестајање
учинимо то у огледалу
један два један два
час бело час црно

у тамници слика
кад смо се напокон сабрали
други су нас одузели
један два један два
победили смо себе

све би било другачије
да смо знали да нестајемо
али није нам било ни на крај памети
да сами себе оставимо на миру

нестајање рођено као недоношче
не показујмо га никоме

ЛЕКЦИЈА ИЗ НЕИМАРСТВА

Сећам се био је петак
из наше градње од отпадака дизали се
танушни облаци дима и млади орао кликтао
у трагању за независношћу Ловца

из свих смерова на скели
ужасавао сам се лепршања геометрије у празном

нисам знао зашто сам отварао
расрђена врата и полупане прозоре
изнад моје главе све опустошенија градња
зрачила је патњом

жудео сам да сазнам понешто о непостојећим
ролетнама које су узрујавале младог орла
пунећи га сазнањем о разградњи

ужасавао сам се лепршања геометрије у празном

дакле
треба да одем рече млади орао
документа о својини ионако немам а жарко је
                                         подне
хтео сам само да покупим живот
око и са крова градње

сећам се био је петак
дан који није подносио одлагање

ШКОЛА ИЗГНАНСТВА

Галопирајући по Томима Овидије ме
јрикаво гледа
марширам морским урлицима 94
без наследника
волим А као приватни посао

већ две ноћи трупкам по школи за порочне
изгнанике
већ две ноћи сналазим се на страницама
у којима је Овидије душа од човека

повремено ме опхрва илузија преузимања
уверљиво волим А дан после првог дана
и поново дан после првог дана

колико се сећам
имао сам нешто више од четрдесет година
захваљивао сам Богу што га гледам
свака чедна љубав има двоструку
                              субверзивну улогу
волети Бога и бити вољен

ПОСЛЕДИЦЕ ЉУБАВНОГ ЗАНОСА

Тек су накнадна истраживања
померила дан националног ероса
касно синоћ смисао врата био је
да се отворе од заноса

врата се тешко отварају
зидови још теже нестају

тек су накнадна истраживања потврдила
што више ероса на путу
то мање зидова и закључаних врата

МЕЛАНХОЛИЧНА ТУТЊАВА

У девет и тридесет у Улици Песниковој
                              срео сам Н.
анонимна сликарка хујала је у сликама Де Кирика
ја сам се бициклом пробијао кроз
                              уличне опасности
с торбом на рамену крцатом намерама
у немости предела млада се сликарка враћала кући
изазивајући велико поштовање
(цео мушки лицеј нежно је грунуо на њу како би
по њој оставио трагове мушкости)

Н. је долазила из продавнице где је шчепала
                              подтекстове
стварности
поздрављајући ме попут нетакнуте ученице
                              малчице
кратковида као љубав која следи:

указујем на све ово недељом ујутро једини дан
                              с наменом
од тог пространог поподнева исцурила су
                              два дана у реторичко Ништа
усудио бих се да кажем свечери волео сам
                              Авалдаву
као идеалну грижу савести (Кавафи је охоло
                              ћутао по питању
поштовања неколико закона али не свих)

био је петак опасности у манастирској ћелији
зидови су уздрхтали заљуљао се и патос
овај рат сасвим нас је слудео

зар се само огњем и мачем
               учимо слободи
по очима одаје мислили смо да смо сами
                                     што је било
неопходно телима смо растезали долину
                       прастарих државних молби

волели и хитали
све време гневно гледајући зидни сат

водио сам љубав попут ветерана манастирске
                                        тишине
водила је љубав попут жене обузете
                       меланхоличном тутњавом

волели смо се и хитали
с очима на зидном сату
      мој допринос рату био је што сам седео
      код куће и волео
      болно бришући у предасима
      шкропећу крв

каквог је смисла имао Невидљиви на снегу
чекајући Авалдаву у давно прошлом времену

веровао сам у мирисно потоње постојање
кад је на капији куцнуо он Невидљиви
      рат није метафора
      само је љубав стилски цвет

у међувремену расправљали смо о различитим
                                  темама
нисмо заборавили ни да се ваљамо по равном
                          столу од конопље
потом по изломљеном столу нечујно изломљеном
својим проширеним обликом

волели смо и хитали
све време гледајући зидни сат
      покварењаци су у фотељама од перја
      а ми водимо љубав у постељи од перја

волели смо и хитали
све време гледајући зидни сат
веровао сам у строго забрањену жену
лагано повећавајући срж разнеженог питања
веровао сам у вреле катанце тамјана и смирне

водили смо тврду љубав на углачаном поду
                                        покривао сам
јој уста ухом касније бисмо се вратили на сто
све ломљивији од наше крволочности
                                    с ормана смо
гледали кроз прозор (има ли неког у дворишту
                                    Балкана) строп је
стењао издижући се све више
                            (давнашња њена жеља
била је да је поведем на Месец – ето шансе)

рат није метафора
само је љубав стилски цвет

ни данас не знам ко је Злочинац
познајем само Заљубљеног

Іевидљиви је незадовољан ништа не види али
                            зна све на снегу
оји је трештао у унутрашњости града као у
                            жедној утроби невесте
алопирао сам на миомирисној жени
                            заслепљујуће пливао
ражећи свршетак у Авалдави у њеним
                            зазеленелим водама
којима сам се утопио

овај рат нас је сасвим слудео
овај рат нас је сасвим слудео

отимао сам се из (не)виности Утеруса
                         Авалдава Авалдава
каква непажња урлао сам наслоњен на
                      Капију Утеруса да чује
Невидљиви Чекач који је слушао очима мужа
званог Бах који
је описао опскурност догађаја

волели смо се и хитали

као у свакој љубави у близини је била црква
и школа супарника такође
веровао сам у жену пуну детињастих и сумњивих плодова
у жену добру за миловање дужица ока
                                        дужицама ока
по диктату часовника са зида манастирске ћелије

више од овога не знам
окамењујем се
на дуже време

НОВЕ ПЕСМЕ
(2003)

БЕЛО ПЛАТНО

Мирише на молитву на смирну
на босиљак Боже
мртви су невини
спремни да истрају
године им се множе
изван времена

Вапе за светлошћу
прстима одмичу смрт
    све ниже
          и ниже

Смрт која расте и смањује се
истовремено
на пламтећем жбуњу
где их пораз чини победницима

Али видљив је само савршен злочин
крај тебе крај мене
који су твоји починили
који су моји починили

Боже како је поражени победио победника

РЕЉЕФ

Стојимо у празнини
и чудимо се
постоји једно Не испред
и једно Да иза

Стискамо се између Да и Не
једна отворена врата
друга затворена врата
        подједнако

Узалуд Ахилова пета
на врху стреле што дописује Зенонове апорије

Стојимо у празнини и дижемо буну

Време се прелива из нас
треперавим плодовима
на поносним стаблима

Плутамо безбрижно
на обали која нараста ка небу
постоји једно Да испред
и једино Не иза

БИЦИКЛ СИОРАН

Спазих песника на блиндираном бициклу
тутњи између две љубичасте месечине
напред назад

Вози ка Богу
у кога би хтео да верује
али само као изгнаник у ноћној самоћи

Спасих руку онога који простире
месечину по слици Френсиса Бекона
и Вршачком брегу
док му тајне службе пролећа
не уђу у траг

Спазих песника на блиндираном бициклу
испробава окретање улица као педала
лепећи плакате
по молитвама Богу
успорава време кроз муње
    и громове

јури између два нерођена детета
загледан у неизживљену стварност
пратећи сопствено кретање
од потопа до љубичасте месечине

ИЗА ЖАЛУЗИНА

Као грађани јесењи
имају право да оспоравају непарну страну
    лишћа
        јер стање лишћа је много лоше

Једино је висок степен демократије рђе
у плодовима слепе помрчине иза жалузина
треба мусти месечину по договору

КЛОПКЕ ЗА ПРАЗНИНУ

Најзад
птице других земаља
прелетеше преко земље која улете
у ход празнине

најзад
листам дуге кораке обећане земље
и попуњавам запенушану лепоту звери
увек лепшу изнутра него споља

најзад
кажем да ћу сакрити главу
испод мрака
и низбрдо пливати уз тело
рукама милујући самогласнике

најзад
друге птице улетеше у наше
и потонуше

пустио сам своју празнину да плеше

ИСКУСТВО МУЊЕ

Пожелех да сретнем подивљале усне
једном црвене па љубичасте
док се пољупци случајно
мешају престрашени

да увек буде крај септембра
прекривен грешним сведоцима

док се муња гранала у мозгу
усамљеног дрвета
док се муња растакала
време је озеленело
хтедох трептај земаљског предмета
који испуњава облик
забрањеног воћа

у ствари
дубоки понори теку
по још дубљим сновима споро теку танкери
препуни заслуженог задовољства

потом је почело славље
само је муња раздирала охоле груди
својим огњеним рукама

иако ни на трен не овладасмо
ниједним језиком

ПРЕОСТАЛИ РОЂАЦИ

Чујем туђе дрвеће
чије гране трепере
плодовима туђег дрвећа

чујем повике туђих усамљеника
како се венчавају са усамљеним
ужадима удављеника
туђом невиношћу

чујем и утробу испуњену буктињама
како нестаје у шумовима туђег града
покривеног туђим одласком

чујем или ми се тако чини
наше преостале рођаке
који се више неће родити

РЕТКА ЗВЕР ВУЧЕ СВЕМИР ЗА СОБОМ

Видим
расуто ме огледало
испуњава опростивим успоменама

глаголи се затамњују
једни у ходу који се сурвава
остали долазе одлазећи

она и он у постељи без сенке
непоштеђени преврата
вуку свемир за собом

видим
остали
      долазећи
            одлазе

О АУТОРУ

Петру Крду (Petru Cârdu) рођен 25. септембра 1952. године у селу Барице, крај Вршца. Основну школу и гимназију завршио у Вршцу. Студирао је у Београду (на Филолошком факултету) и у Букурешту (Историју и теорију уметности).

Песник, преводилац, антологичар, издавач... Дебитовао је 1970. плакетом *Menire în doi* (*Намена удвоје*), Панчево. Године 1974. објавио је збирку *Aducătorul ochiului* (*Доносилац ока*), Панчево. Остале збирке песама: *Pronume* (*Заменице*) – двојезично издање, Вршац-Панчево 1971; *Căpsuna în capcană* (*Јагода у клопци*), Нови Сад 1988; *Јагода у клопци*, Нови Сад 1988; *În biserica Troia*, Панчево 1992; *У цркви Троја*, Београд 1992; *Љубичасто мастило*, Београд 1997; *Şcoala exilului* (*Школа изгнанства*), Крајова 1998; *Cerneala violetă* (*Љубичасто мастило*), Букурешт 1998. Приредио је на румунском *Антологију словеначке поезије* (Букурешт, 1986), *Антологију српске поезије* (Панчево-Београд, 1998), на српском – *Антологију румунске авангарде* (Београд 1986); *Антологију румунске поезије* (Нови Сад 1991).

Лондонски издавач Forest Books објавио је, 1990. године, опсежнији избор из Крдуовог поетског опуса, *The Trapped Strawberry*. Превео је преко 20 књига са румунског, српског, француског, словеначког, између осталог – М. Елијадеа, Е. Сиорана, Н. Станескуа, М. Павловића, Л. Благу, Ј. Карајона, Е. Јонеска...

Живи и ради у Републици вршачких снова.

САДРЖАЈ

Страх и сумња 5

ЗАМЕНИЦЕ

Чекати, случајна истина 9
Неко гледа из мене 10
Ово ја 11
Догађај у хотелу 12
Логос и постојање 13
Чекајући писмо 14
Сачекај време 15
Време садашње 16
Уместо говора 17
Вечити путници 18
Колоквијум 19
Право на облик и замишљање 20
Пажња 21
Један, два, три 22
Гости иконе на стаклу 23
Дан одласка 24
Одлазак у лов 25
Песма за охрабрење 26

ЈАГОДА У КЛОПЦИ

Крвопис 29
Среда на папиру 30
Тесна врата 31
Свечани сталак 32
На задатку 33

Дијалектичка девица 34
Орао 35
Café Арп 36
Да / сигурно не 37
Остатак није важан 38
Кућно сапуњање 39
Уметност заплењивања прозора 40
Весела улога 42
Свечано отварање 43
Слободан лет 44
Читалац на дан поста 45
Прогноза времена 46
Сечива / Piazza Brunelleschi .47
Брзином ветра 48
Између две руке 49
Лицем према зиду 50
Дописница 51
Вечита песма / Без разлога .52
Крик онога који ћути 53
Реченица / Сведок 54
Свечана јагода у клопци 55
Долази слово из А 56
Мој грађански шешир 57
Радно време 58
Слободан разговор 59
Радост на Понту 60
Невино родоскрвнуће 61
Најзад 62

У ЦРКВИ ТРОЈА

Хаику говор 65
Прљави послови с анђелом .66
Не грми не сева 67
De nobis ipsis silemus 68
Сезона лова 69
Фикција и коментари 70
Проблематичне животиње 72
Општи опис речи 73

Поредак мрака 74
Метеорологија 75
Девојка и шах 77
Пукотина ока 78
Метод Касандра 80
Видик с прозора 82
Естетска одвратност 83
Мисао има реч 84
Предмет за размишљање 85
Штрајк мртвих 86
Штилом и пером 87
Биографија шуме 88
Убрзаним говором .89
Клизање по последњем времену 90
Остатак човека 91
Генетика слова / Себастијанов брод 92
Балканска курва 93
Мала несрећа 94
Лак плен 95
Крајем века 97
Сентиментално гађање 98

ЉУБИЧАСТО МАСТИЛО

Сахрањивање цркве 101
Шифра „Лирика" 102
Календар 103
Коначно расветљавање 104
На звонику Св. Марије 105
Ова песма је узрок крпене мачке 106
Оглед у два сата 107
Лично паркирање 108
Сунчани позиви 109
Стварни предмет 110
Формула пропасти .111
Обичаји у лудилу 113
Вазнесење 115
Мртва природа се буди 116
Празан снег 117

Лов по околини 118
Тренинг 119
Љубичасто мастило 120
Прекршај 312 121
Непожељни сведоци 122
У складу с мајком-природом 124
Степеници огледала 125
Сањао сам да ме је пас ујео за прст 126
Корачница о нестајању 128
Лекција из неимарства 129
Школа изгнанства 130
Последице љубавног заноса 131
Меланхолична тутњава 132

НОВЕ ПЕСМЕ

Бело платно 145
Рељеф 146
Бицикл Сиоран 147
Иза жалузина 148
Клопке за празнину 149
Искуство муње 150
Преостали рођаци 151
Ретка звер вуче свемир за собом 152

О аутору 153

Петру Крду
САУЧЕСНИШТВО

*

Главни уредник
НОВИЦА ТАДИЋ

*

Коректура
МИРОСЛАВА СТОЈКОВИЋ

*

Издавач
ИП РАД
Београд, Дечанска 12

*

За издавача
СИМОН СИМОНОВИЋ

*

Тираж 500

*

Штампа
Графжиг, Београд

CIP – Каталогизација у публикацији
Народна библиотека Србије, Београд

821.135.1(497.11)-14

КРДУ, Петру

   Саучесништво : изабране и нове песме / Петру Крду.
– Београд : Рад, 2003 (Београд : Графжиг).
– 169 стр. ; 21 cm. – (Библиотека Успон ; књ. 11)

Тираж 500. – О аутору: стр. 153.

ISBN 86-09-00823-1

COBISS.SR-ID 109141260

Уредник
Десанка Пешичевић

Ликовно обликовао
Добрило М. Николић

Илустровао
Младен Вујошевић

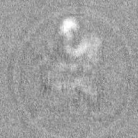

www.ingramcontent.com/pod-product-compliance
Lightning Source LLC
Chambersburg PA
CBHW071719090426
42738CB00009B/1820